切り紙で楽しむかわいいカードと雑貨

紙パンダ！

大原まゆみ　Ohara Mayumi

Let's Enjoy Panda!

日貿出版社

本書の使い方

かわいいパンダを手作りする「紙パンダ!」の世界へようこそ。
飾って、使って、贈って……いろいろな楽しみ方ができる作品がいっぱいです。

作り方は簡単。型紙に合わせて、本体（メインの切り紙）と、パーツ（主に耳や手の切り紙）を切り、貼り合わせて作ります。

本体は、紙のサイズと、その折りたたみ方や、あらかじめ折り筋を入れる場所を本文の中で紹介しています。
パーツは、p.60からの「型紙集」の中で、それぞれ紙のサイズと折り方を紹介しています。

型紙はすべて、原寸大で掲載しています。用紙をサイズどおりに切って折りたたむと、型紙とぴったり形が合います。型紙は左端が必ず紙の折り目になるように作図されています。
型紙の中には、紙面の関係上、ヨコになって掲載されているものがあります。そのときも、文字が正しく読める向きが、その型紙の正しい向きとなり、左端が紙の折り目になります。

はじめに、p.13〜14で「ポップアップカード」の、p.17〜18で「クッキーボックス」の作り方を、手順を追ってくわしく解説しています。
このプロセスは、すべての作品づくりの基本となりますので、作り始める前に、ぜひ読んでおいてください。

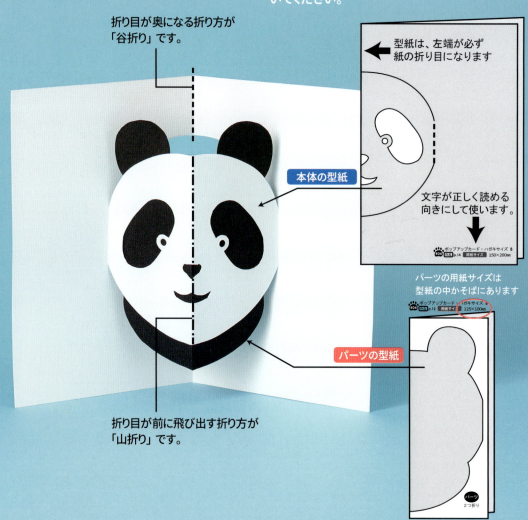

折り目が奥になる折り方が「谷折り」です。

本体の型紙

型紙は、左端が必ず紙の折り目になります

文字が正しく読める向きにして使います。

パーツの用紙サイズは型紙の中かそばにあります

パーツの型紙

折り目が前に飛び出す折り方が「山折り」です。

目次

p.06 パンダのこと教えて

p.10 作り方の流れと紙・道具について

p.12 #01 ポップアップカード・タテ型 A
型紙 本体 p.60 / パーツ p.60

p.12 #02 ポップアップカード・ハガキサイズ A
型紙 本体 p.64 / パーツ p.62

p.15 #03 ポップアップカード・タテ型 B
型紙 本体 p.61 / パーツ p.61

p.15 #04 ポップアップカード・ハガキサイズ B
型紙 本体 p.64 / パーツ p.63

p.15 #05 ポップアップカード・ハガキサイズ C
型紙 本体 p.65 / パーツ p.65

p.15 #06 ポップアップカード・タテ型 C
型紙 本体 p.62 / パーツ p.63

p.16 #07 クッキーボックス A
型紙 本体 p.66 / パーツ p.68

p.19 #08 クッキーボックス B
型紙 本体 p.67 / パーツ p.68

p.20 #09 クッキーボックス C
型紙 本体 p.69

p.21 #10 クッキーボックス D
型紙 本体 p.70

p.22 #11 お祝い袋 A
型紙 本体 p.71 / パーツ p.71

p.22 #12 お祝い袋 B
型紙 本体 p.72

p.24 #13 ポチ袋 A
型紙 本体 p.73 / パーツ p.74

p.24 #14 ポチ袋 B
型紙 本体 p.73 / パーツ p.75

p.24 #15 ポチ袋 C
型紙 本体 p.73

p.26 #16 壁貼りポケット・ヨコ型 A
型紙 本体 p.74 / パーツ p.65/ p.76

p.26 #17 壁貼りポケット・ヨコ型 B
型紙 本体 p.75 / パーツ p.77

p.28 #18 壁貼りポケット・タテ型 A
型紙 本体 p.78 / パーツ p.77

p.28 #19 壁貼りポケット・タテ型 B
型紙 本体 p.79 / パーツ p.79/ p.80

p.30 #20 壁貼りレターボックス A
型紙 本体 p.81 / パーツ p.81

p.30 #21 壁貼りレターボックス B
型紙 本体 p.82 / パーツ p.82

p.32 #22 ウォールステッカー A
型紙 本体 p.83

p.34 #23 ウォールステッカー B
型紙 本体 p.83

p.35 #24 ウォールステッカー C
型紙 本体 p.83

p.36 #25 ギフトボックス A
型紙 本体 p.84

p.36 #26 ギフトボックス B
型紙 本体 p.84 / パーツ p.68

p.40 #27 フォトフレーム A
型紙 本体 p.88 / パーツ p.80

p.40 #28 フォトフレーム B
型紙 本体 p.88 / パーツ p.86

p.41 #29 フォトフレーム C
型紙 本体 p.89 / パーツ p.80

p.41 #30 フォトフレーム D
型紙 本体 p.89

p.42 #31 仲良しフォトフレーム A
型紙 本体 p.85 / パーツ p.87

p.42 #32 仲良しフォトフレーム B
型紙 本体 p.86 / パーツ p.87

p.44 #33 ブックマーカー A
型紙 本体 p.76

p.44 #34 ブックマーカー B
型紙 本体 p.78 / パーツ p.65

p.46 #35 指人形 A
型紙 本体 p.90 / パーツ p.91

p.46 #36 指人形 B
型紙 本体 p.90 / パーツ p.91

p.48 #37 リース A
型紙 本体 p.95 / パーツ p.95

p.51 #38 リース B
型紙 本体 p.95 / パーツ p.95

p.52 #39 連結モビール A
型紙 本体 p.91

p.52 #40 連結モビール B
型紙 本体 p.91

p.54 #41 ペーパーバッグ A
型紙 本体 p.92

p.54 #42 ペーパーバッグ B
型紙 本体 p.93

p.56 #43 ティッシュボックスカバー A
型紙 本体 p.94 / パーツ p.95

p.56 #44 ティッシュボックスカバー B
型紙 本体 p.94

p.60 コピーを取ってそのまま使える **型紙集**

知ってる？
パンダのまるまるした顔は
脂肪ではなく筋肉
だから、1日に14〜16時間もかけて、
たくさんの竹を食べられるんだよ

パンダのこと教えて

【和名】ジャイアントパンダ
【英名】Giant Panda
【中国名】大熊猫
【生息域】中国南西部の四川省(しせんしょう)、陝西省(せんせいしょう)、甘粛省(かんしゅくしょう)の標高約1300～3500mにもおよぶ山岳地帯の森林
【体の大きさ】体長：120～150cm
体高：70～80cm　体重：85～150kg

 ### レッサーパンダが「パンダ」の先輩

1825年ヒマラヤで、レッサーパンダが発見されました。現地の人は、これを「ネガリャポンヤ(竹を食べる者)」と呼びました。
このネパール語の「ポンヤ」(ポンガ(ponga)、ポンヤ(ponya)、ポーンヤ(poonya)とも)がなまって「パンダ」になったという説が一般的です。ネパール語で「(五指を含む)手のひら」を意味する「パンジャ(panja)」に由来するという説もあります。
もともと「パンダ」と呼ばれていた動物はレッサーパンダだったのですが、20世紀初めごろに白黒の大熊が発見されます。こちらも竹を食べるとわかり、こちらを「ジャイアント(大きな)パンダ」、もともとのパンダを「レッサー(小さな)パンダ」と呼んで区別しました。その後、ジャイアントパンダの人気が高まり有名になると、パンダといえば、ジャイアントパンダのことを多くの人が思い浮かべるようになりました。

 ### 恋の季節はとっても短い

パンダはオス、メスともに普段は単独で暮らしています。発情は年1回。しかも、メスのパンダは1年に1回しか排卵しないため、妊娠できるのは1年のうち、たった数日だけといわれています。交尾の機会から考えても、繁殖は非常に難しいといえます。
さらに、やっと生まれた赤ちゃんパンダも、その半分以上が、病気や母親が引き起こす事故で、うまく成長できず、命を落としています。

 ### 食事はのんびり14時間

パンダの主食は竹です。竹は栄養分が少なく消化されにくいので、たくさん食べる必要があります。しかもパンダはもともと食肉目クマ科に分類される肉食性の強い雑食動物なので、他の草食動物に比べると腸が短くなっています。腸が短いために、パンダは竹の栄養のたった20～30％しか吸収できず、シカなどの草食動物がおよそ80％の吸収率であることを考えると、草食に適していないともいえます。パンダは竹を1日に15kg以上食べます。そのため、1日に14時間も食事をしています。そして食べた10時間後には、竹が未消化で排泄されます。野生ではタケノコや、まれに昆虫、ネズミなども食べているようです。

 ### 徐々にパンダは増えている

パンダは1990年以降、絶滅危惧種に指定されていましたが、2016年9月に、それが解除されました。
野生のパンダは、中国政府による調査の結果(2015年2月発表)では約1800頭。飼育されているパンダは現在400頭を超えています。
野生の個体数は2003年の調査結果(約1600頭)から約17％増加。さらに2016年には2000頭近くまで増えたと報告されています。

 ### パンダのいろいろ

パンダのいろいろな雑学を紹介します。
●木登りは得意だが、下りるのは苦手でよく落ちる。
●パンダのしっぽは白い。
●パンダは、他のクマ科動物と違って冬眠しない。
●パンダの歯は42本。その歯は、人間のように乳歯から永久歯に生え変わる。
●パンダのまるまるとした顔は筋肉でできていて、脂肪ではない。
●パンダの最高速度は時速32km。100m走に置き換えると11.2秒という俊足ながら、持久力はない。
●パンダの毛皮はゴワゴワした感触で硬く、あぶらぎっている。毛は長さ10cmほど。

生後130日を迎えた2017年10月20日のシャンシャンのようす。
体重8.6kg、体長74.2cm。産室内の低い段差を乗り越え、母親のあとを追いかけて、じゃれるようになっていました。

画像提供：(公財) 東京動物園協会
参考文献：(公財) 東京動物園協会 ホームページ
UENO-PANDA.JP〔上野パンダジェイピー〕他

シャンシャン誕生と成長過程

シャンシャン(香香)
2017年6月12日11時52分、上野動物園生まれ

お父さん・リーリー(力力)
2005年8月16日、
臥龍(がりゅう)保護センター生まれ
体重:およそ135kg

お母さん・シンシン(真真)
2005年7月3日、
臥龍(がりゅう)保護センター生まれ
体重:およそ120kg

オスのリーリー、メスのシンシンをお父さん、お母さんとして、上野動物園で生まれたパンダがメスのシャンシャン(香香)です。「香」の字には、花が開く明るいイメージがあり、元気にすくすく育っているようすにピッタリの名前となりました。

生後2日
体重は147g。親パンダの1000分の1ほどの大きさで、全身はピンク色です。赤ちゃんはとっても小さく、人間の手のひらに乗ってしまうほどの大きさです。

生後10日
体重は283.9gとなり、この検診でメスだと判断されました。

生後1ヵ月
体重はついに1kgを超えました。まだ目は開いていませんが、白黒のパンダカラーもはっきりわかるようになりました。

生後40～60日
生後40日で両目がうっすらと開きかけ、生後60日では体重が3kgを超えました。「はいはい」や「おすわり」ができるようになります。赤ちゃんは母親のお乳だけで育っています。

生後100日(9月20日)
体重は6kg、体長は65cmにもなりました。自分の足で3、4歩進めるようになり、犬歯が生えてきたことも確認できました。しかし、まだしばらくの間、食べ物はお乳だけで育てます。

生後120日(10月10日)
体重は約8kg、体長は約70cmになりました。足の力が強くなり、柵に前足をかけて立ち上がるしぐさも見られました。犬歯のほかの歯も生えてきて、シンシンにあげた竹や部屋の柵を噛み始めました。

その後も、健康ですくすくと育ち、12月9日の測定では、生まれた直後の重さの80倍を超える12.3kgになりました。そして、12月19日から一般公開が始まりました。

 ## パンダの一生

パンダの一般的な成長過程は次の通りです。

生後9～10ヵ月
9ヵ月ごろには離乳、10ヵ月ごろには永久歯が生えそろい、竹をばりばりと食べます。

生後12ヵ月(1歳)
1歳になる頃には体重も約30kgに。18ヵ月で親離れし、大人への第一歩としてひとり立ちをします。

生後2～3年
体重は2年で約60kg、3年で90kg近くまで成長します。

生後4～5年
メスは大人になります。体重は約100kg。

生後6～7年
オスは大人になります。体重は約120kg。

生まれたときには100～200gほどしかなかった赤ちゃんパンダが、大人になると約1000倍もの体重になります。パンダの寿命は、野生ではどのくらい生きるか明らかではありませんが、15～20年程度だといわれています。飼育下では30歳以上に達することもあります。

画像提供:(公財)東京動物園協会
参考文献:(公財)東京動物園協会 ホームページ
UENO-PANDA.JP〔上野パンダジェイピー〕他

生後70日を迎えた2017年8月21日のシャンシャンのようす。
目の前のものを認識できるようになっていました。

生後160日を迎えた2017年11月19日のシャンシャンのようす。
体重は10.6kgになりました。

作り方の流れと紙・道具について

作り方の流れ

用紙を切って、折る
用紙を型紙に記されているサイズどおりに切ります。

用紙と型紙を合わせる
型紙はコピーを取り、切り取って用紙に重ねます。

ホッチキスで型紙をとめる
切り落とす部分（型紙の白いところ）をホッチキスでとめます。

型紙と用紙をいっしょに切る
大きなところはハサミで、細かいところはカッターで切ります。

本体とパーツを合わせる
本体とパーツを合わせて、耳や手を作ります。

組み立てる
主に両面テープを使って接着し、立体的に組み立てます。

主に色画用紙を使う

本書の作品は2つ折りで作るものがほとんど。紙の重なりが少ないので、色画用紙を使って、しっかりした形に仕上げています。

平面的な作品は折り紙が便利

平面的な作品では折り紙を使うのも便利。とくに「タント」という紙は、張りがありきれいに仕上がります。

ヘラで折り筋を付ける

指で折ったところをヘラでなぞって、折り筋をしっかり付けておくと、形がくずれにくくなります。

接着剤、テープ、ホッチキス、マットなど

接着は、ほとんどすべて両面テープだけでできますが、他の接着剤を使い分けてもいいでしょう。カッターで紙を切るときは、工作用マットを敷くと便利です。ホッチキスは、用紙と型紙をとめるために使います。

ハサミの使い方

大きな形の輪郭など、折れ曲がりの少ない線はハサミで切ります。刃の根元で切ることが基本です。

ハサミの位置はあまり動かさず、まっすぐな方向に切り進みます。

曲線を切るときは、紙を回転させるようにします。このときも、ハサミは同じ位置で動かないことが基本です。

軽作業用カッターの使い方

一般的なカッターです。背の部分を人差し指で押さえて持ちます。

人差し指で押さえながら、刃先を紙に差し、手前に引いて切ります。ヨコ方向に切るとブレます。

用紙と型紙を、いっしょに切り取ります。カッターの刃先は、1作品作るたびに折って新しくします。

細工用カッターの使い方

ペンと同じ持ち方で、描くように切るカッターです。

刃先が点で接しているので、小さな円でも切り取れます。

小さな形も楽々切り取れます。細工用カッターも、手前に引いて切ることが基本です。

ポンチの使い方

ポンチは小さな穴を開ける道具で、いろいろな直径（口径）のものがそろっています。手芸店の他、100円ショップなどでも買うことができます。

小さな丸（正円）は、ポンチを当てて、ハンマーでたたいて作ると簡単です。小さな力できれいな円ができます。

ポンチを使うと、円のまわりにしわができることがあります。ハサミやカッターで切る作業より先に行いましょう。

まずは、簡単な作品を作ってみましょう。
p.13〜14 では、下の「ポップアップカード・タテ型 A」の作り方について、くわしく解説しています。ここで、手順をしっかり覚えてくださいね。

#02
ポップアップカード・
ハガキサイズ A
型紙 本体 p.64 ／ パーツ p.62

#01
ポップアップカード・タテ型 A
型紙 本体 p.60 ／ パーツ p.60

ポップアップカード・タテ型 A、B、C　ハガキサイズ A、B、C

パンダがポン！　と飛び出すカード。メッセージを書き込んで贈っても素敵。

タテ型　本体用紙サイズ　200×180mm　2つ折り〈A、B、C共通〉

切る前の準備
- サイズどおりに用紙を切りましょう。
- 紙を図のとおりに折り、型紙を合わせて、切り紙をしましょう。

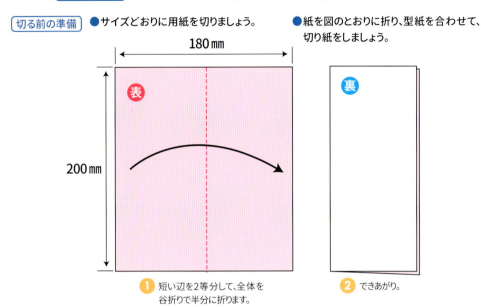

❶ 短い辺を2等分して、全体を谷折りで半分に折ります。

❷ できあがり。

ハガキサイズ　本体用紙サイズ　150×200mm　2つ折り〈A、B、C共通〉

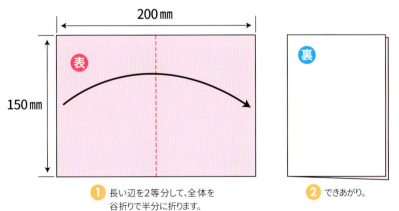

❶ 長い辺を2等分して、全体を谷折りで半分に折ります。

❷ できあがり。

タテ型Aの作り方

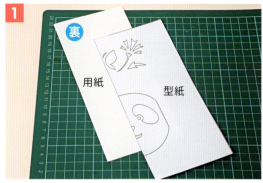

サイズどおりに切って折りたたんだ用紙と、コピーを取って枠で切り取った「型紙」を準備します。

1 で準備した用紙と型紙の形を合わせて、切り落としてしまう不要な部分をホッチキスでとめます。

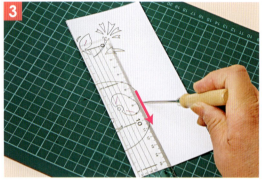

最初に折り筋を付けます。ピックや目打ち、竹串の他、ボールペンなどでなぞると、用紙に線のあとが付きます。

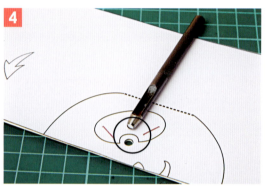

直径3mmのポンチで、目の部分に穴をあけます。細工用カッターで切り抜いてもいいでしょう。

用紙と型紙をいっしょに切り取ります。

本体とパーツを切ったところ。本体は立体的に折ります。これにパーツを貼り合わせると、耳と手が加わります。

本体の表を上にします。顔の左右を谷折りすると、中央が自然と山折りになり、顔が飛び出します。

顔の中央を山折りしたまま、紙の全体は谷折りで半分にたたみます。

裏から黒い紙で作ったパーツを当てて、接着します。手や耳など、完成写真を見て、上下関係と形を整えましょう。

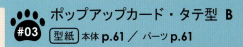

#03 ポップアップカード・タテ型 B
型紙 本体 p.61 ／ パーツ p.61

#04 ポップアップカード・ハガキサイズ B
型紙 本体 p.64 ／ パーツ p.63

 #05
ポップアップカード・ハガキサイズ C
型紙 本体 p.65 ／ パーツ p.65

 #06
ポップアップカード・タテ型 C
型紙 本体 p.62 ／ パーツ p.63

カードよりも少しだけ複雑な作品です。
p.17〜18の作り方を参考に、立体的に組み立てていきましょう。
この作り方を覚えると、他の作品づくりにも役立ちますよ！

#07
クッキーボックス A
型紙 本体 p.66 ／ パーツ p.68

クッキーボックス A、B、C、D

クッキーを入れて楽しい食卓に。花瓶受けや小物入れにも活用できます。

本体用紙サイズ　360×250mm　4つ折り〈A、B、C、D共通〉

切る前の準備
● サイズどおりに用紙を切りましょう。
● 紙を図のとおりに折り、型紙を合わせて、切り紙をしましょう。

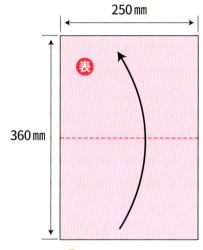
① 長い辺を2等分して、全体を谷折りで半分に折ります。

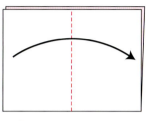
② さらに谷折りして、半分の長方形にします。

③ できあがり。

Aの作り方

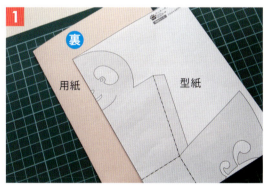
1 サイズどおりに切って折りたたんだ用紙と、コピーを取って枠で切り取った「型紙」を準備します。

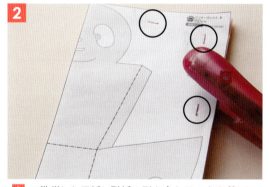
2 ①で準備した用紙と型紙の形を合わせて、切り落としてしまう不要な部分をホッチキスでとめます。

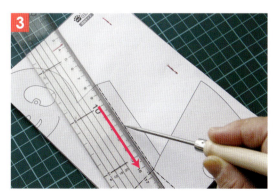
3 最初に折り筋を付けます。

4 直径2mmのポンチで目の部分に穴をあけます。細工用カッターで切り抜いてもいいでしょう。

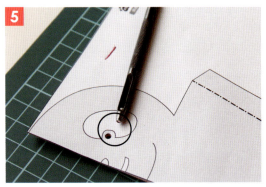

ポンチを使うと、円のまわりにしわができることがあります。作業を最初にすると、仕上がりがきれいになります。

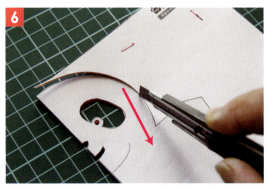

カッターの背の部分を人差し指で押さえ、手前に引いて、用紙と型紙をいっしょに切ります。

本体とパーツを切りました。本体は立体的に組み立てます。パーツを貼り合わせると、耳と手が加わります。

切り紙を終えたら表を上にします。◯で囲んだ部分（のりしろ）に両面テープを付けて、山折りで側面を立てます。

◯がのりしろです。隣の面の縁にのりしろの折り筋を合わせて、接着します。

本体の頭の部分をパーツの頭と手ではさむようにして、接着します。

あごの下に、黒いパーツを入れ込みます。手や耳など、完成写真を見て、上下関係と形を整えましょう。

#08

クッキーボックス B

型紙 本体 p.67／パーツ p.68

#09
クッキーボックス C
型紙 本体 p.69

☐ がのりしろです。隣の面の縁にのりしろの折り筋を合わせて、接着します。

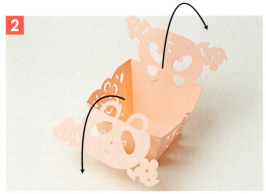

のりしろの接着で側面が立ち上がり、箱の形がしっかりしたら、パンダの顔を折り下げて、形を整えましょう。

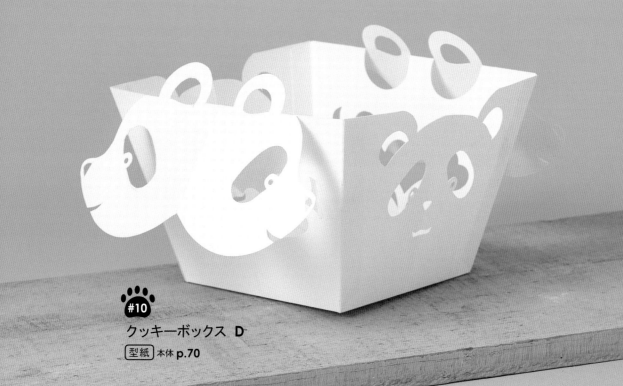

#10
クッキーボックス D
型紙 本体 p.70

#11
お祝い袋 A
型紙 本体 p.71／パーツ p.71

#12
お祝い袋 B
型紙 本体 p.72

お祝い袋 A、B

紅白の色合わせで、とてもおめでたい印象に仕上がります。

本体用紙サイズ 210×180mm 2つ折り〈A、B共通〉

切る前の準備
- サイズどおりに用紙を切ったあと、── のところに折り筋を付けます。
- 紙を図のとおりに折り、型紙を合わせて、切り紙をしましょう。

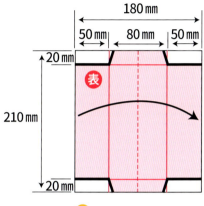

① 短い辺を2等分して、全体を谷折りで半分に折ります。

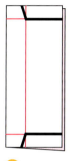

② できあがり。

Aの組み立て方

型紙に描いてある線で、4つの角を切り落とします。

切り落としたところ。── は、パーツの耳を差し込む切り込み。

切り込みに、色違いの紙で作ったパーツの耳を差し込みます。パーツは必ず袋を閉じる前に入れること。

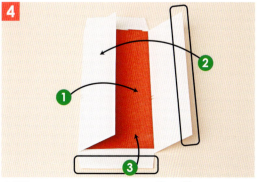

▭ に両面テープを付けます。①〜③の順に、左右を閉じたあと、下ののりしろを折り上げて、接着しましょう。

#13 ポチ袋 A
型紙 本体 p.73 ／ パーツ p.74

#14 ポチ袋 B
型紙 本体 p.73 ／ パーツ p.75

#15 ポチ袋 C
型紙 本体 p.73

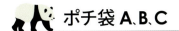# ポチ袋 A、B、C

小さくてもパンダのかわいさがあふれます。お年玉の他にメッセージを入れてもOK。

本体用紙サイズ 150×150㎜　2つ折り〈A、B、C共通〉

切る前の準備
- サイズどおりに用紙を切ったあと、——— のところに折り筋を付けます。
- 紙を図のとおりに折り、型紙を合わせて、切り紙をしましょう。

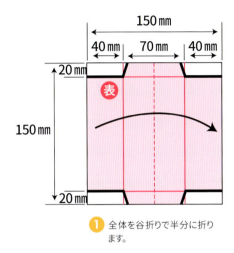

1 全体を谷折りで半分に折ります。

2 できあがり。

Bの組み立て方

1 p.23の「お祝い袋 A」の 1 のように4つのカドを切り落としてから、袋を裏で閉じる前に、耳のパーツを入れ込みます。

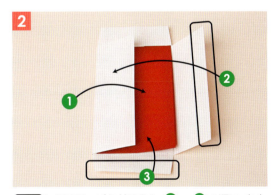

2 ◻に両面テープを付けます。1〜3の順に、左右を閉じたあと、下ののりしろを折り上げて、接着しましょう。

#16 壁貼りポケット・ヨコ型 A
型紙 本体 p.74 ／ パーツ p.65/p.76

#17 壁貼りポケット・ヨコ型 B
型紙 本体 p.75 ／ パーツ p.77

壁貼りポケット・ヨコ型 A、B

絵ハガキやチケット、大切なメモ書きを入れて、壁や冷蔵庫の扉にペタッ！

本体用紙サイズ 180×250mm 2つ折り〈A、B共通〉

切る前の準備

● サイズどおりに用紙を切ったあと、——— のところに折り筋を付けます。

● 紙を図のとおりに折り、型紙を合わせて、切り紙をしましょう。

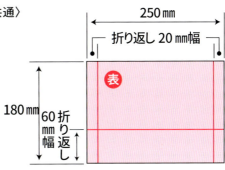

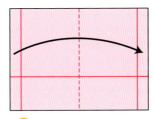

① 長い辺を2等分して、全体を谷折りで半分に折ります。

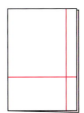

② できあがり。

Bの組み立て方

両端ののりしろ □ に、両面テープを付けて、折り返します。頭の付け根にも両面テープを付けて、折り上げます。

□ に両面テープを付けて、下の部分を折り上げると、ポケットができます。

頭を表裏ではさむようにして、黒い紙で作ったパーツを当てて、接着します。

黒いパーツは頭の部分では後ろに、腕や体の部分では前になります。

あごの下に、黒いパーツを入れ込みます。手や耳など、完成写真を見て、上下関係と形を整えましょう。

#19
壁貼りポケット・タテ型 B

型紙 本体 p.79 ／ パーツ p.79/p.80

#18
壁貼りポケット・タテ型 A

型紙 本体 p.78 ／ パーツ p.77

壁貼りポケット・タテ型 A、B

用紙の色選びで作品の雰囲気はガラリと変わります。色違いも作ってみましょう。

本体用紙サイズ 220×160㎜　2つ折り〈A、B共通〉

切る前の準備
- ●サイズどおりに用紙を切ったあと、——— のところに折り筋を付けます。
- ●紙を図のとおりに折り、型紙を合わせて、切り紙をしましょう。

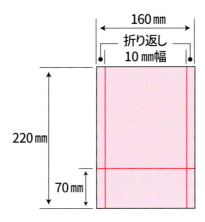

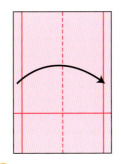

1 短い辺を2等分して、全体を谷折りで半分に折ります。

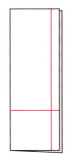

2 できあがり。

Bの組み立て方

P.27の「壁貼りポケット・ヨコ型 B」の 1 ～ 2 のようにポケットを作ったあと、本体にパーツ3枚を貼ります。完成写真を見て、上下関係と形を整えましょう。

あごの下に、黒いパーツを入れ込んで仕上げます。

#20
壁貼りレターボックス A
型紙 本体 p.81 ／ パーツ p.81

#21
壁貼りレターボックス B
型紙 本体 p.82 ／ パーツ p.82

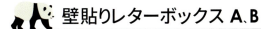
壁貼りレターボックス A、B

かわいいパンダをさりげなく部屋に飾ると、あたたかな感じの空間になります。

本体用紙サイズ 220×160㎜　2つ折り〈A、B共通〉

切る前の準備
- ●サイズどおりに用紙を切ったあと、━━━ のところに折り筋を付けます。
- ●紙を図のとおりに折り、型紙を合わせて、切り紙をしましょう。

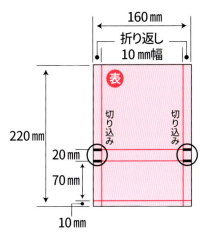
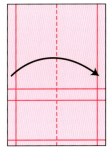
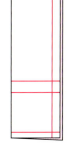

① 短い辺を2等分して、全体を谷折りで半分に折ります。
② できあがり。

Bの組み立て方

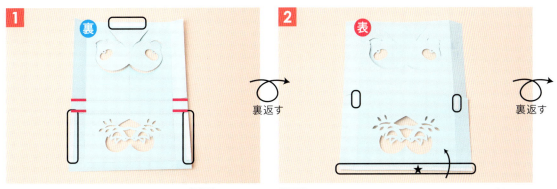

1 ━━━ の4ヵ所に切り込みを入れます。▭ に両面テープを付けてから、裏返します。

2 ▭ に両面テープを付けます。★では、下から折り返して、両面テープで接着します。

3 頭を折り上げて、付け根を接着します。底になる部分の左右（内）を立て、側面を中→外の順で重ねます。

4 外の裏側にある両面テープを使って、側面を接着します。

5 色の違う紙で作ったパーツを、上下関係や位置に注意して両面テープで接着します。

#22
ウォールステッカー A
型紙 本体 p.83

ウォールステッカー A、B、C

壁には両面テープで軽く押さえて貼ります。連ねて吊るしても楽しい！

本体用紙サイズ 150×150mm　4つ折り〈A、C共通〉

切る前の準備
- ●サイズどおりに用紙を切りましょう。折り紙をそのまま使ってもいいでしょう。
- ●紙を図のとおりに折り、型紙を合わせて、切り紙をしましょう。

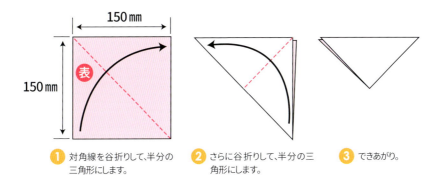

❶ 対角線を谷折りして、半分の三角形にします。
❷ さらに谷折りして、半分の三角形にします。
❸ できあがり。

本体用紙サイズ 150×150mm　2つ折り〈B〉

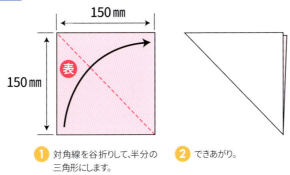

❶ 対角線を谷折りして、半分の三角形にします。
❷ できあがり。

#23 ウォールステッカー B
型紙 本体 p.83

#24 ウォールステッカー C
型紙 本体 p.83

#25 ギフトボックス A
型紙 本体 p.84

#26 ギフトボックス B
型紙 本体 p.84 / パーツ p.68

ギフトボックス A、B

ネクタイ、スカーフ、アクセサリー、お菓子……。けっこう入ります。

本体（ふた）用紙サイズ 140×360mm　ジャバラ折り〈A、B共通〉

切る前の準備 ●サイズどおりに用紙を切ったあと、——— のところに折り筋を付けます。　●紙を図のとおりに折り、型紙を合わせて、切り紙をしましょう。

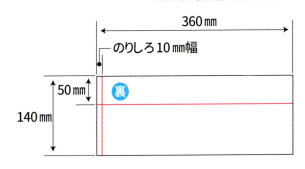

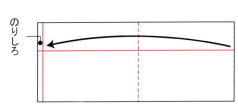

❶ のりしろを残して、長い辺を2等分し、全体を谷折りで半分に折ります。

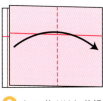

❷ 上の1枚だけを、谷折りで右端の辺に合わせて、折り返します。

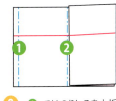

❸ ❶ではのりしろを山折りします。❷で、全体を山折りで半分に折ります。

❹ ジャバラ折りになります。

❺ いったん開いて、■■ のところに切り込みを入れたあと、❹のように折り直して、できあがり。

内箱・用紙サイズ 160×360mm　ジャバラ折り〈A、B共通〉

内箱の型紙はありません。本体（ふた）とは別に、サイズどおりに用紙を切って下さい。

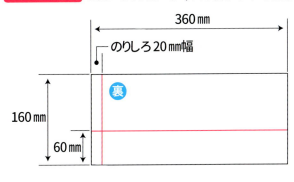

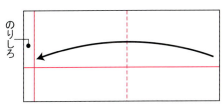

❶ のりしろを残して、長い辺を2等分し、全体を谷折りで半分に折ります。

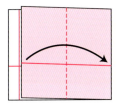

❷ 上の1枚だけを、谷折りで右端の辺に合わせて、折り返します。

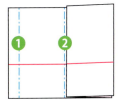

❸ ❶ではのりしろを山折りします。❷で、全体を山折りで半分に折ります。

❹ ジャバラ折りになります。

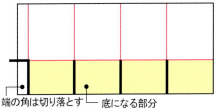

❺ いったん開いて、■■ のところに切り込みを入れたあと、❹のように折り直して、できあがり。

Bの組み立て方

1
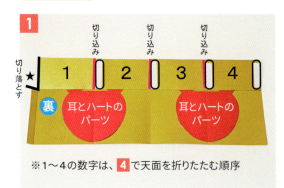
※1〜4の数字は、**4**で天面を折りたたむ順序

はじめに本体（ふた）を作ります。★を切り落として、━ 3ヵ所に切り込みを入れ、▭ 4ヵ所に両面テープを付けておきます。耳とハートのパーツを差し込んで接着します。

2
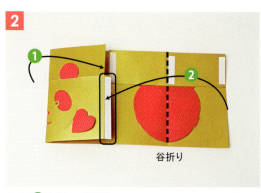
谷折り

まず、❶を折り、▭ののりしろに両面テープを付けます。そのあと❷を折り、のりしろに重ねて、接着します。

3
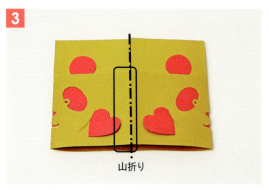
山折り

▭で接着しています。山折りをして、箱の形にします。

4
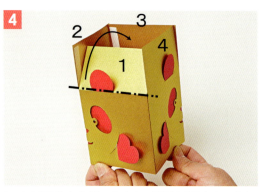

1〜4の番号にしたがって、ふたの天面を折りたたみます。

5

4には両端に両面テープが付いています。折りたたんで、他の面に接着すると、耳が飛び出します。

6
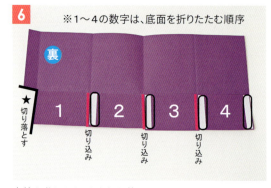
※1〜4の数字は、底面を折りたたむ順序

内箱を作ります。★を切り落として、━ 3ヵ所に切り込みを入れ、▭ 4ヵ所に両面テープを付けておきます。

7
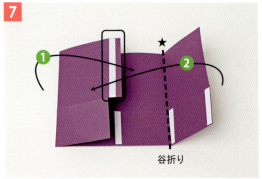
谷折り

2〜**5**と同じ要領で、内箱を組み立てていきましょう。まず、❶を折り、▭ののりしろに両面テープを付けます。そのあと❷を折り、のりしろに重ねて、接着します。

8

パンダの本体（ふた）は、内箱よりも、ほんの少し大きな箱になっています。内箱に、ふたを重ねて、できあがり。

知ってる？
パンダは、皮ふの黒い部分に
黒い毛が、
ピンクの部分には
白い毛がはえているんだよ

#27
フォトフレーム A
型紙 本体 p.88 ／ パーツ p.80

#28
フォトフレーム B
型紙 本体 p.88 ／ パーツ p.86

#29 フォトフレーム C
型紙 本体 p.89 ／ パーツ p.80

#30 フォトフレーム D
型紙 本体 p.89

#31 仲良しフォトフレーム A
型紙 本体 p.85 ／ パーツ p.87

#32 仲良しフォトフレーム B
型紙 本体 p.86 ／ パーツ p.87

フォトフレーム A、B、C、D ＆ 仲良しフォトフレーム A、B

お気に入りの写真を飾ってみましょう。思い出の写真をプレゼントするときにも大活躍します。

フォトフレーム 　本体用紙サイズ　250×180㎜　4つ折り〈A、B、C、D共通〉

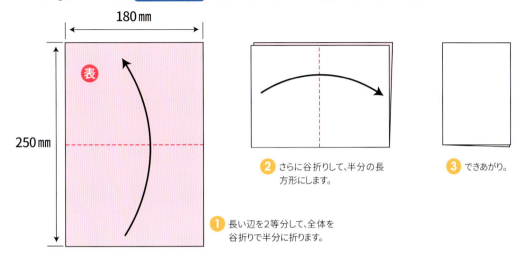

① 長い辺を2等分して、全体を谷折りで半分に折ります。

② さらに谷折りして、半分の長方形にします。

③ できあがり。

仲良しフォトフレーム　本体用紙サイズ　180×250㎜　2つ折り〈A、B共通〉

切る前の準備　●サイズどおりに用紙を切りましょう。　●紙を図のとおりに折り、型紙を合わせて、切り紙をしましょう。

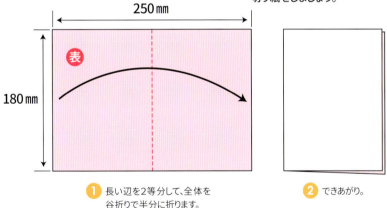

① 長い辺を2等分して、全体を谷折りで半分に折ります。

② できあがり。

Aの組み立て方

黒いパーツは頭の部分では後ろに、腕や体の部分では前になります。

Bの組み立て方

1

2

黒いパーツは頭と腕を切り離します。耳のパーツは頭の後ろに、腕のパーツは体の前になります。

手の部分を折り、写真を持っているかっこうにして、仕上げます。

#33 ブックマーカー A
型紙 本体 p.76

#34 ブックマーカー B
型紙 本体 p.78 ／ パーツ p.65

ブックマーカー A、B

本の上にパンダがぴょこんと顔を出す「しおり」です。メッセージも書けます。

本体用紙サイズ 180×60mm　2つ折り〈A、B共通〉

切る前の準備
- サイズどおりに用紙を切りましょう。
- 紙を図のとおりに折り、型紙を合わせて、切り紙をしましょう。

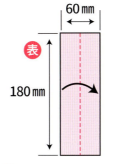

① 短い辺を2等分して、全体を谷折りで半分に折ります。

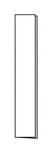

② できあがり。

Aの組み立て方

① 本体の裏に、色違いの紙を貼って仕上げます。

② パンダの頭を折り返します。その折り目を本の上端に合わせて、ページをはさんで使います。

#35 指人形 A
型紙 本体 p.90 ／ パーツ p.91

#36 指人形 B
型紙 本体 p.90 ／ パーツ p.91

 指人形 A、B

ワインボトルの口に立てると、ボトルキャップとして飾ることもできます。

本体用紙サイズ 180×120㎜ 2つ折り〈A、B共通〉

切る前の準備
● サイズどおりに用紙を切りましょう。
● 紙を図のとおりに折り、型紙を合わせて、切り紙をしましょう。

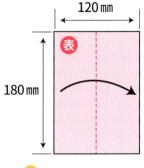

① 短い辺を2等分して、全体を谷折りで半分に折ります。

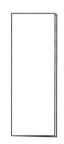

② できあがり。

Aの組み立て方

1 本体とパーツを合わせます。○で囲んだところに両面テープを付けて、接着します。

2 ★と同じように、右の耳とハートを前に出します。▭には両面テープを付けておきます。

3 本体の下部を丸め、**2** の両面テープで接着します。

#37
リース A
型紙 本体 p.95 ／ パーツ p.95

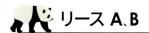 ## リース A、B

本体＋パーツを8つ組み合わせて作ります。その手間が報われる豪華な仕上がりを楽しみましょう。

本体用紙サイズ 150×60㎜ 2つ折り〈A、B共通〉

切る前の準備
- サイズどおりに用紙を切りましょう。
- 紙を図のとおりに折り、型紙を合わせて、切り紙をしましょう。

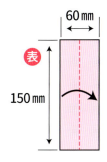

① 短い辺を2等分して、全体を谷折りで半分に折ります。

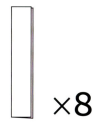

② できあがり。8枚作る。

Bの組み立て方

①本体とパーツを合わせます。パーツに両面テープを付けて、接着します。

②切り込みを使って、下のパンダの耳を前に出します。できたら、裏で ━ と ━ の線を合わせるようにして、左下の角を折ります。同じものを、8枚作りましょう。

★のところに、隣の本体＋パーツの切り紙を重ねます。両面テープで接着しましょう。

同じ要領で、4つを貼り合わせて、十字形を作ります。

4つ目を、★の角で重ねて接着します。

★の角は、1つ目の下に入れ込みます。1〜6を繰り返して、十字形をもう1つ作りましょう。

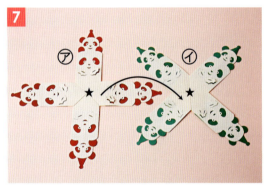

本体＋パーツを4つずつ組み合わせて、十字形を2つ作りました。写真では、⑦から見て、⑦が45度回転しています。この状態で★と★を重ねて、両面テープで接着します。

葉っぱの部分を折り上げて、全体の形を整えます。

#38
リース B
型紙 本体 p.95／パーツ p.95

#40 連結モビール B
型紙 本体 p.91

#39 連結モビール A
型紙 本体 p.91

連結モビール A、B

カラフルな紙で作って、たくさんつなげてください。かわいい顔が窓辺で揺れます。

本体用紙サイズ 150×150㎜　4つ折り〈A、B共通〉

切る前の準備
- サイズどおりに用紙を切りましょう。折り紙をそのまま使ってもいいでしょう。
- 紙を図のとおりに折り、型紙を合わせて、切り紙をしましょう。

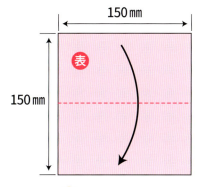
❶ 全体を谷折りで半分に折ります。

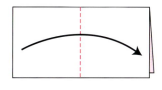
❷ さらに谷折りして、半分の正方形にします。

❸ できあがり。

Aの組み立て方

1 ⑦では顔全体が見えるように上下で重ねて2つ折りに、⑦では顔を半分にして2つ折りにします。

2 タテ長になっている⑦を、⑦の下部にあるリボンの形の窓に差し込みます。

3 ⑦をタテの長さの半分まで差し込んだら、左右に開きます。⑦は表が現れます。

4 ⑦を線のところで山折りして、⑦に吊り下げます。

5 同じ要領で、次々に吊り下げていきましょう。連結モビールAとBをつないで吊り下げることもできます。

#41 ペーパーバッグ A
型紙 本体 p.92

#42 ペーパーバッグ B
型紙 本体 p.93

Aの組み立て方

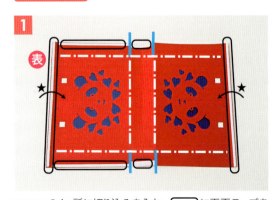

1. ━━ の4ヵ所に切り込みを入れ、▭ に両面テープを付けておきます。★を折り返して接着してから、山折りしてバッグの形を作ります。

2. 側面は、底になる部分の左右(内)を立てたあと、中→外の順で重ねます。

ペーパーバッグ A、B

4つ折りで切るので、表も裏も、側面も底も、1枚の紙で仕上がります。

本体用紙サイズ 360×250㎜　4つ折り〈A、B共通〉　**切る前の準備**

● サイズどおりに用紙を切ったあと、――― のところに折り筋を付けます。

● 紙を図のとおりに折り、型紙を合わせて、切り紙をしましょう。

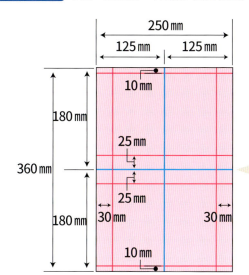

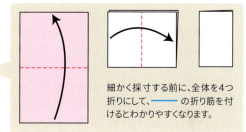

細かく採寸する前に、全体を4つ折りにして、――― の折り筋を付けるとわかりやすくなります。

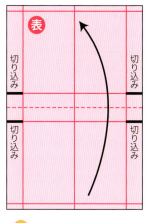

① 長い辺を2等分して、全体を谷折りで半分に折ります。

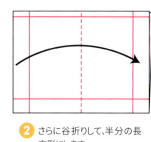

② さらに谷折りして、半分の長方形にします。

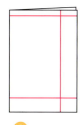

③ できあがり。

━ のところに、切り込みを入れてください。

向こう側の側面も同じ要領で組み立てましょう。

四角形の窓にリボンやひもを通して、持ち手にします。

#43 ティッシュボックスカバー A
型紙 本体 p.94 / パーツ p.95

#44 ティッシュボックスカバー B
型紙 本体 p.94

ティッシュボックスカバー A、B

ティッシュボックスがすっぽり入る、ふたつきの箱。長持ちするので、繰り返し使うことができます。

本体（ふた）用紙サイズ 334×210mm　4つ折り〈A、B共通〉

切る前の準備
- サイズどおりに用紙を切ったあと、――のところに折り筋を付けます。
- 紙を図のとおりに折り、型紙を合わせて、切り紙をしましょう。

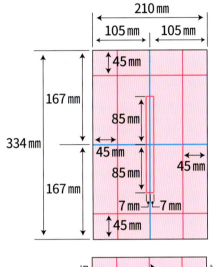

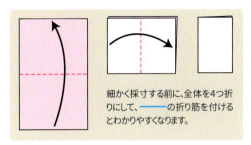

細かく採寸する前に、全体を4つ折りにして、――の折り筋を付けるとわかりやすくなります。

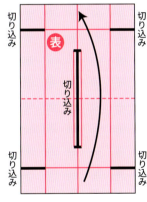

1. 長い辺を2等分して、全体を谷折りで半分に折ります。

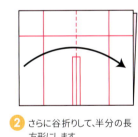

2. さらに谷折りして、半分の長方形にします。

3. できあがり。

――のところに、切り込みを入れてください。

内箱・用紙サイズ 310×200mm　4つ折り〈A、B共通〉

内箱の型紙はありません。本体（ふた）とは別に、サイズどおりに用紙を切って下さい。組み立て方は本体と同じです。

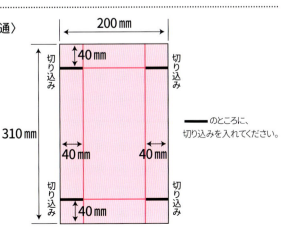

――のところに、切り込みを入れてください。

Aの組み立て方

1

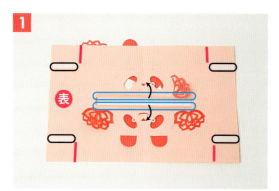

まず、本体（ふた）を作ります。━━━ 4ヵ所に切り込みを入れ、⬜ に両面テープを付けておきます。耳と花のパーツを裏から差し込んで接着し、⬜ の部分はまん中から外へ折り返します。折り返した内側を、接着してもいいでしょう。

2

切り込みを使って側面を立ち上げ、隣り合う面をのりしろで貼り合わせます。

3

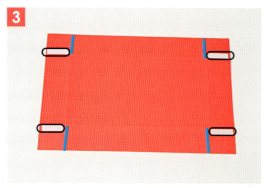

次に、内箱を作りましょう。━━━ 4ヵ所に切り込みを入れ、⬜ に両面テープを付けておきます。あとは **2** と同じ要領で組み立てます。

4

内箱にティッシュボックスを入れて、ふたをかぶせます。中から、ティッシュペーパーを引き出して、使いましょう。

知ってる？
生まれたときの
パンダの赤ちゃんの体重は
120グラムほど
大人のパンダの体重は
90〜135キログラムも
あるんだよ

型紙集

コピーを取ってそのまま使える

すべて原寸大!!

用紙を表示のサイズどおりに切り、折りたたんで準備してください。その上にコピーした型紙を重ねると、ぴったり合います。切り落としてしまう部分（型紙の白いところ）を用紙にホッチキスでとめて、型紙と用紙をいっしょに切りましょう。

型紙は左端が必ず紙の折り目になるように作図されています。

紙面の関係上、型紙がヨコになって掲載されているものがありますが、その場合も、文字が正しく読める向きが、その型紙の正しい向きです。注意して調整してください。

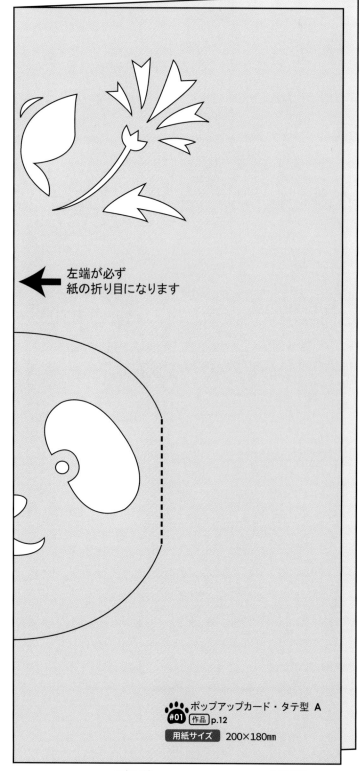

← 左端が必ず紙の折り目になります

#01 ポップアップカード・タテ型 A
作品 p.12
用紙サイズ 200×180mm

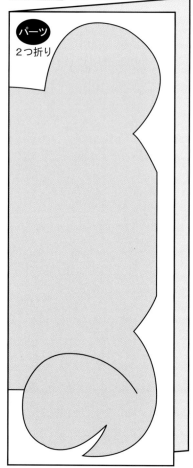

#01 ポップアップカード・タテ型 A
作品 p.12
用紙サイズ 120×90mm

パーツ 2つ折り

------ 谷折り線　—・—・— 山折り線　▬▬▬ 切り込み線

パーツは2枚以上になる場合もあります。基本的に、本体は白や薄い色、パーツは黒や濃い色の紙で作るとパンダらしくなります。完成写真を参考にして紙を選びましょう。

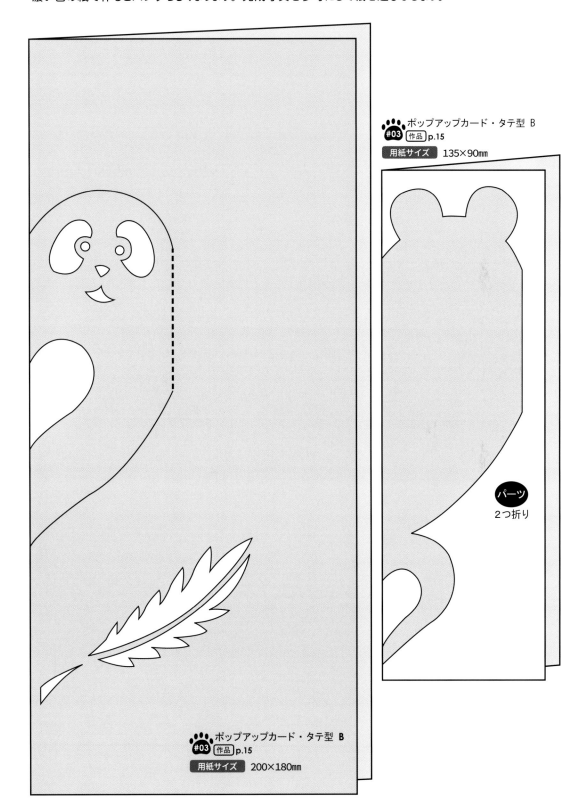

ポップアップカード・タテ型 B
#03 作品 p.15
用紙サイズ 135×90mm

パーツ
2つ折り

ポップアップカード・タテ型 B
#03 作品 p.15
用紙サイズ 200×180mm

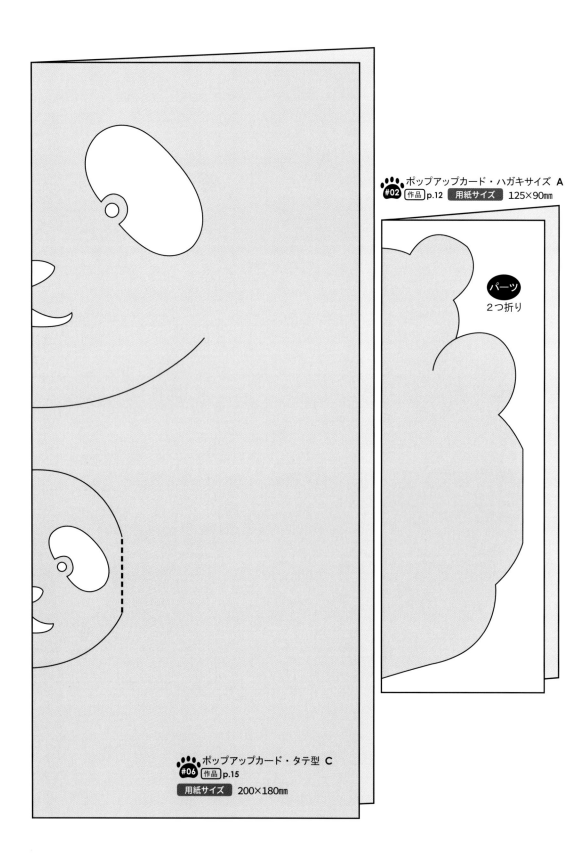

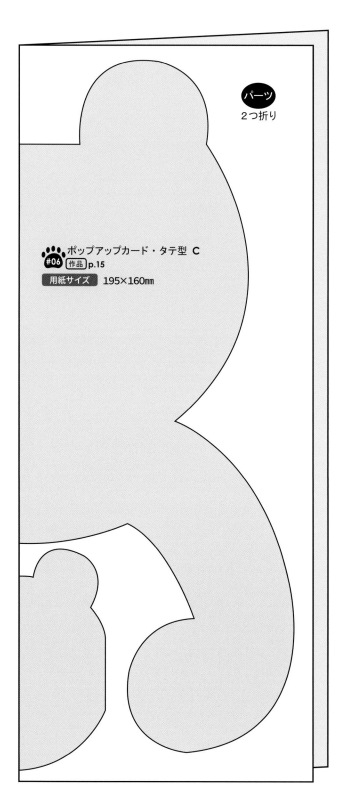

パーツ
2つ折り

#06 ポップアップカード・タテ型 C
作品 p.15
用紙サイズ 195×160mm

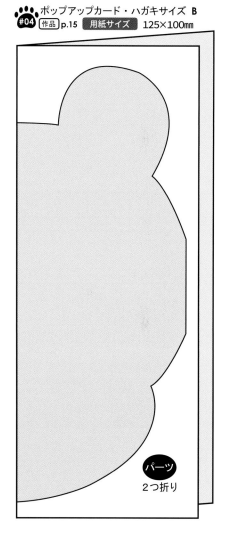

#04 ポップアップカード・ハガキサイズ B
作品 p.15　用紙サイズ 125×100mm

パーツ
2つ折り

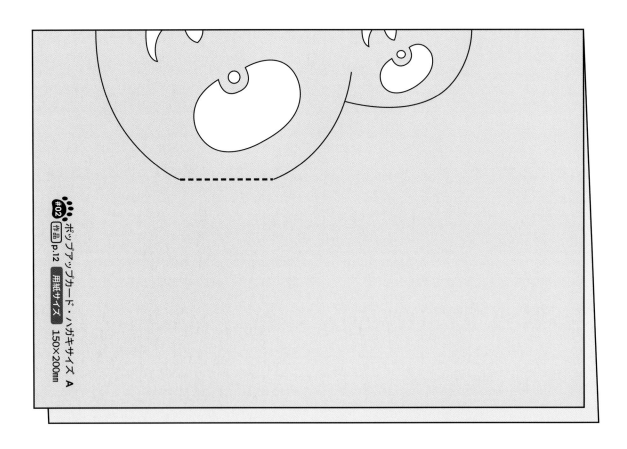
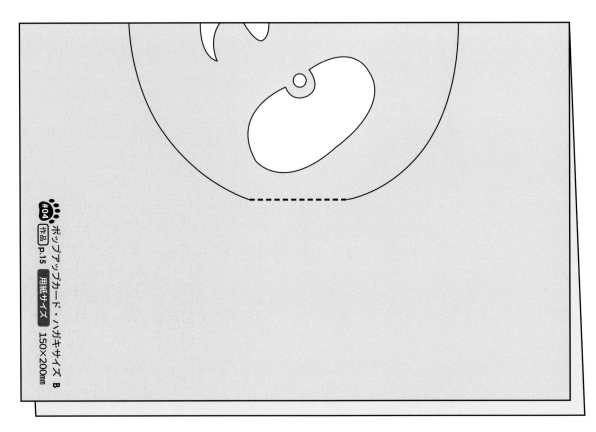

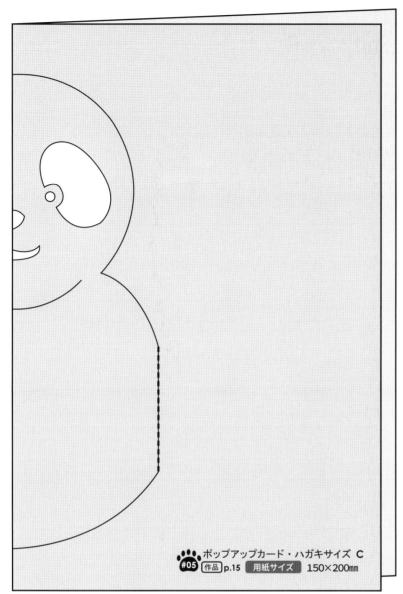

#05 ポップアップカード・ハガキサイズ C
作品 p.15 用紙サイズ 150×200mm

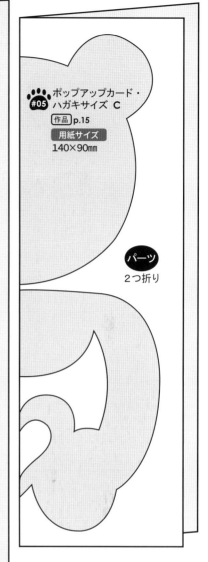

#05 ポップアップカード・ハガキサイズ C
作品 p.15 用紙サイズ 140×90mm

パーツ 2つ折り

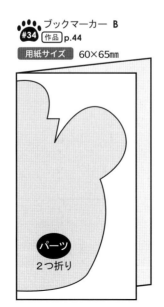

#34 ブックマーカー B
作品 p.44 用紙サイズ 60×65mm

パーツ 2つ折り

#16 壁貼りポケット・ヨコ型 A
作品 p.26 用紙サイズ 85×100mm

パーツ 2つ折り

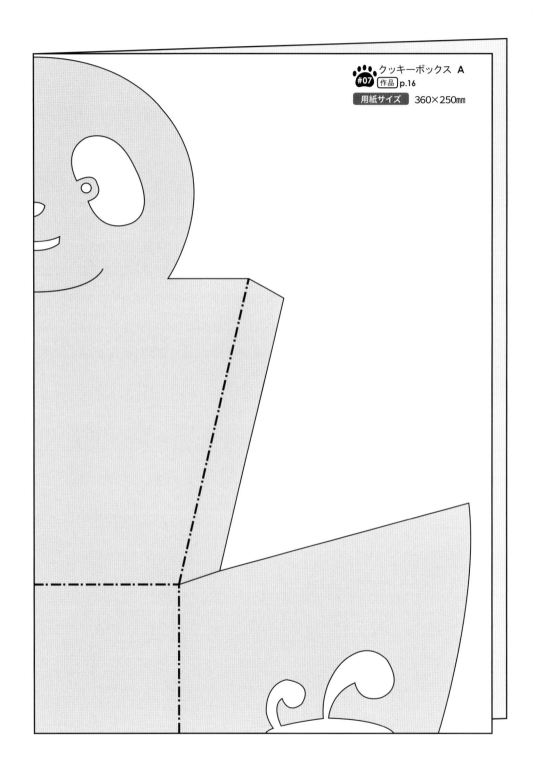

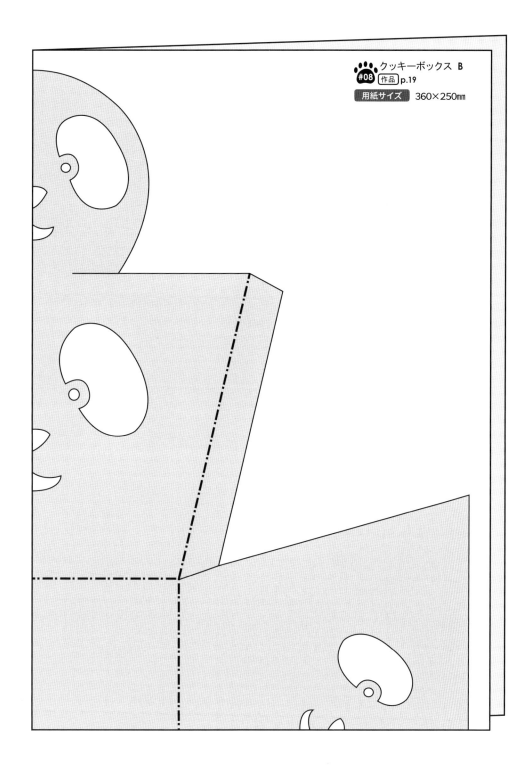

クッキーボックス B
#08 作品 p.19
用紙サイズ 360×250mm

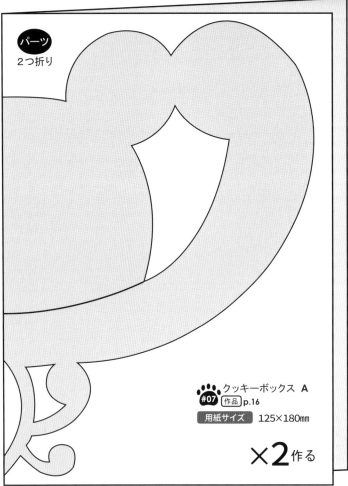

パーツ 2つ折り

#07 クッキーボックス A
作品 p.16
用紙サイズ 125×180mm
×2作る

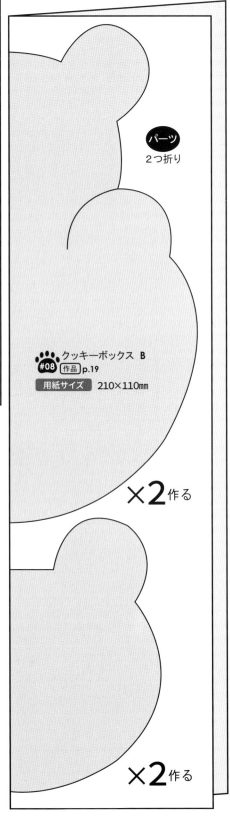

パーツ 2つ折り

#08 クッキーボックス B
作品 p.19
用紙サイズ 210×110mm
×2作る

×2作る

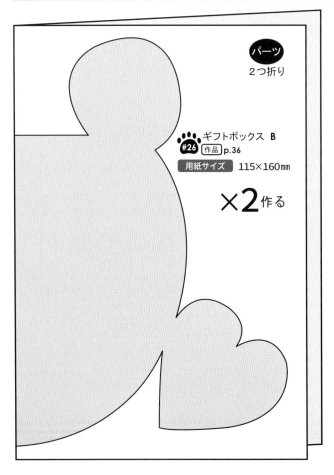

パーツ 2つ折り

#26 ギフトボックス B
作品 p.36
用紙サイズ 115×160mm
×2作る

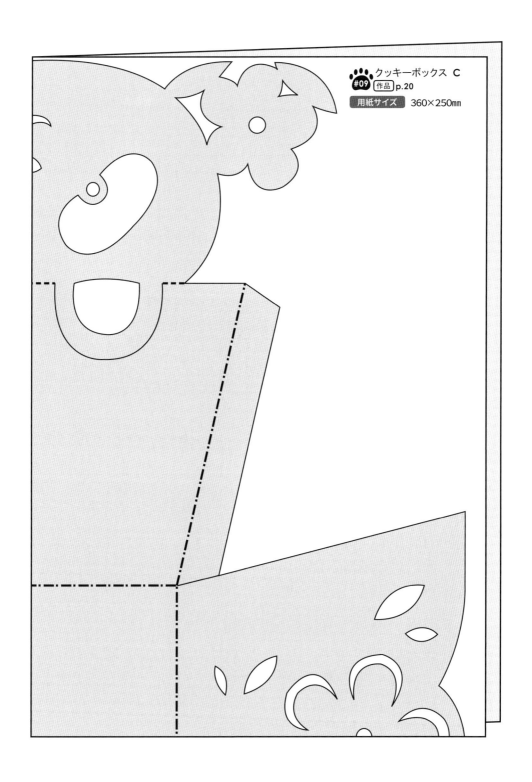

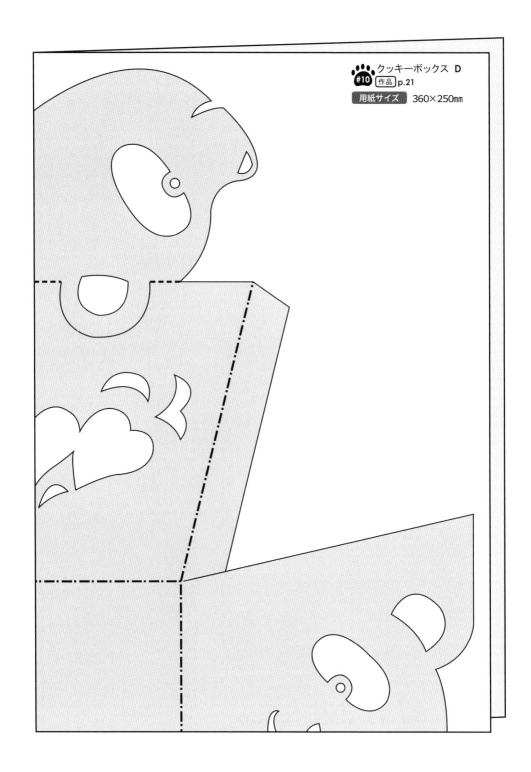

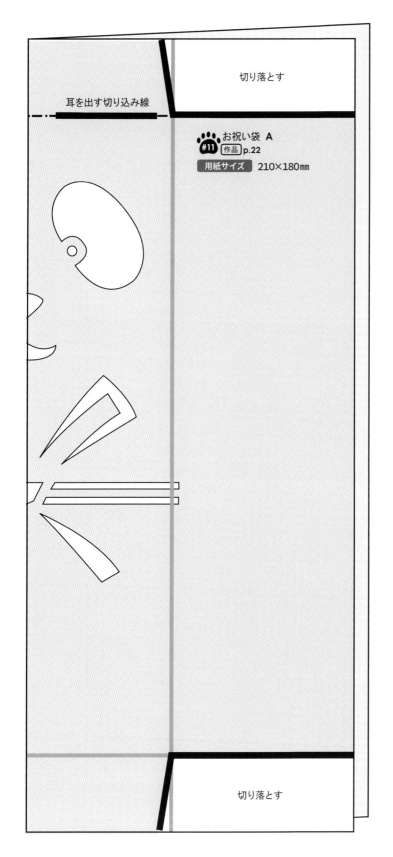
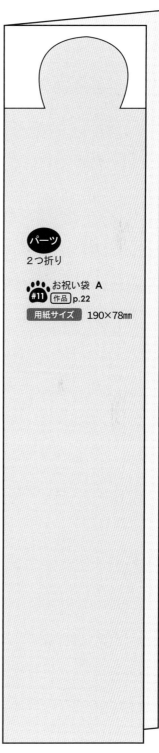

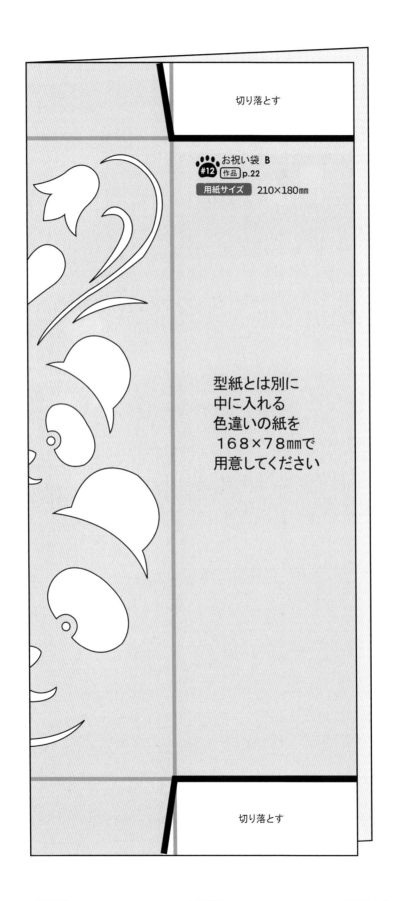

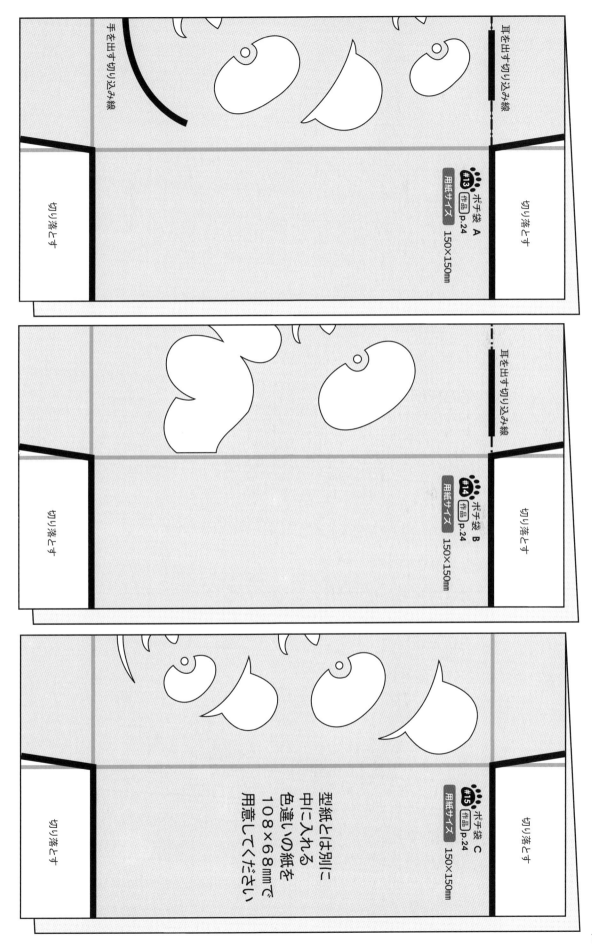

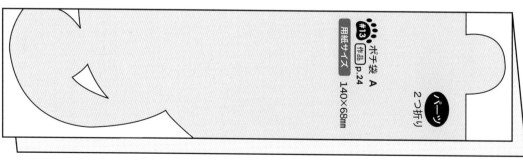

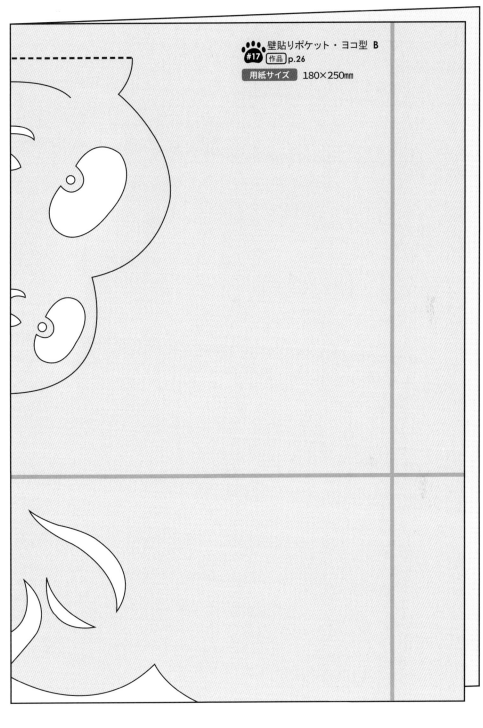

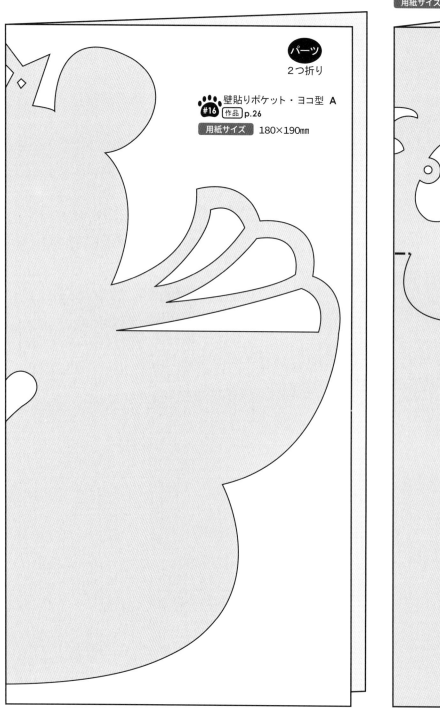

パーツ
2つ折り

#16 壁貼りポケット・ヨコ型 A
作品 p.26
用紙サイズ 180×190mm

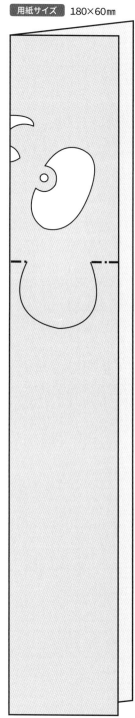

#33 ブックマーカー A
作品 p.44
用紙サイズ 180×60mm

------- 谷折り線　—·—·—·— 山折り線　▬▬▬ 切り込み線

パーツ
2つ折り

#17 壁貼りポケット・ヨコ型 B
作品 p.26
用紙サイズ 200×160mm

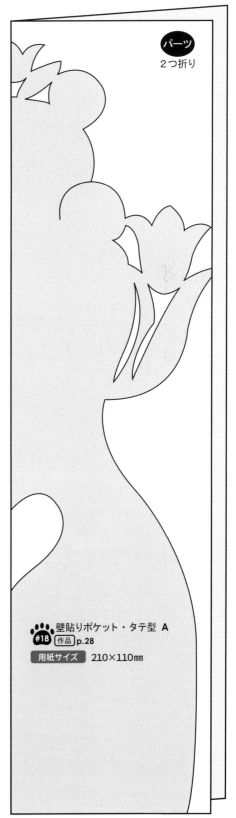

パーツ
2つ折り

#18 壁貼りポケット・タテ型 A
作品 p.28
用紙サイズ 210×110mm

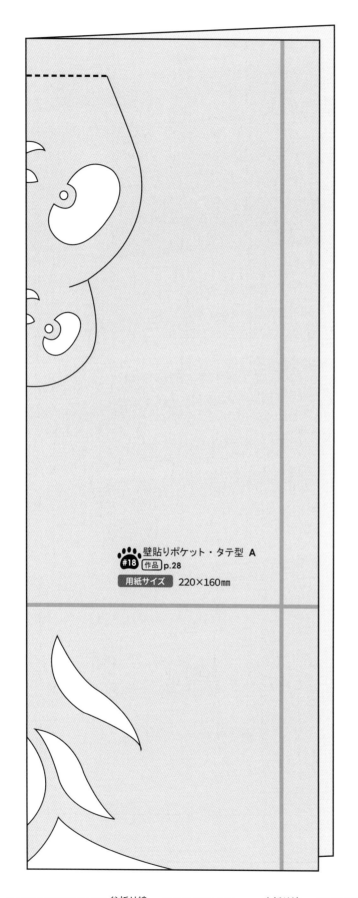

#18 壁貼りポケット・タテ型 A
作品 p.28
用紙サイズ 220×160mm

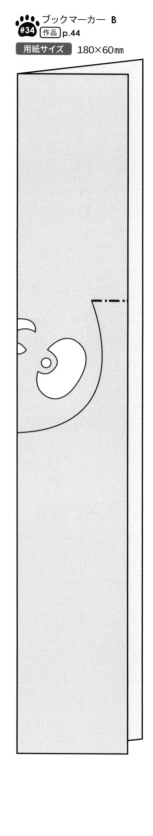

#34 ブックマーカー B
作品 p.44
用紙サイズ 180×60mm

------- 谷折り線　—·—·— 山折り線　▬▬▬ 切り込み線

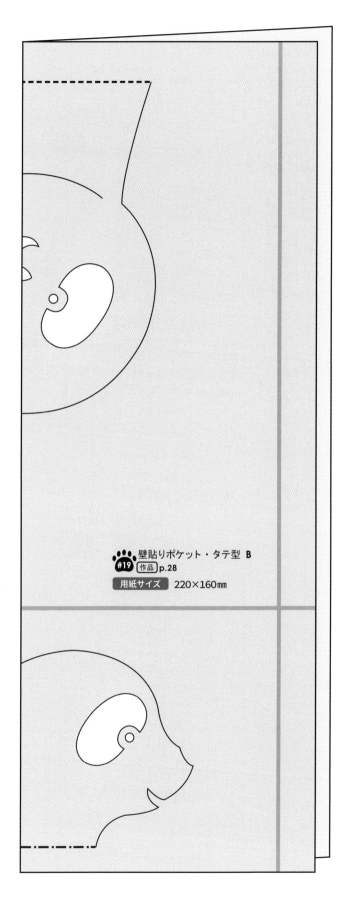

#19 壁貼りポケット・タテ型 B
作品 p.28
用紙サイズ 220×160mm

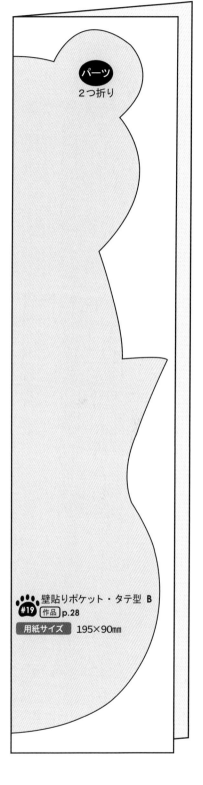

パーツ
2つ折り

#19 壁貼りポケット・タテ型 B
作品 p.28
用紙サイズ 195×90mm

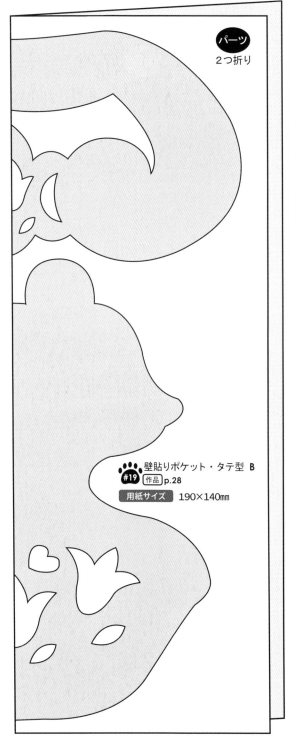

壁貼りポケット・タテ型 B
#19 作品 p.28
用紙サイズ 190×140mm

パーツ
2つ折り

フォトフレーム A
#27 作品 p.40
用紙サイズ 150×150mm

4つ折りなので、
同じパーツが
一度の切り紙で、
4つできます

パーツ
4つ折り

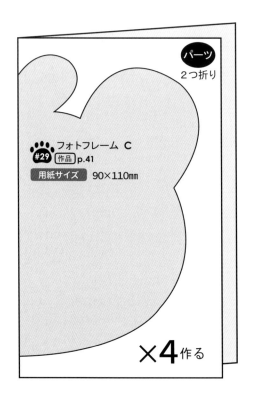

フォトフレーム C
#29 作品 p.41
用紙サイズ 90×110mm

パーツ
2つ折り

×4作る

- - - - - 谷折り線　　—・—・— 山折り線　　■■■ 切り込み線

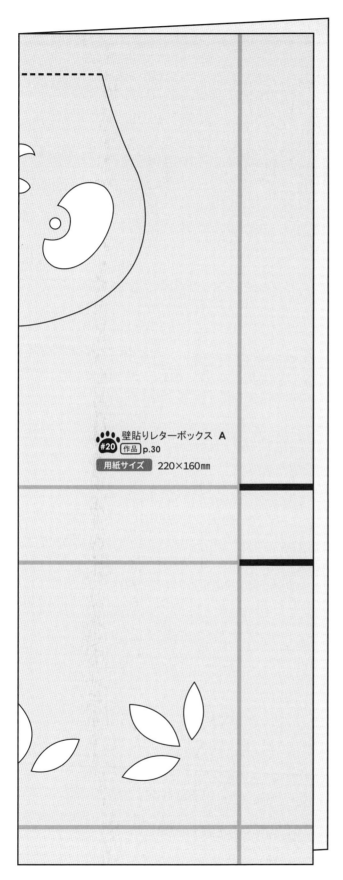

壁貼りレターボックス A
#20 作品 p.30
用紙サイズ 220×160mm

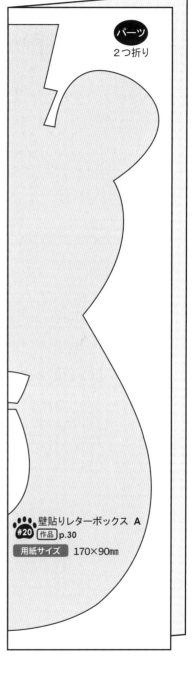

パーツ
2つ折り

壁貼りレターボックス A
#20 作品 p.30
用紙サイズ 170×90mm

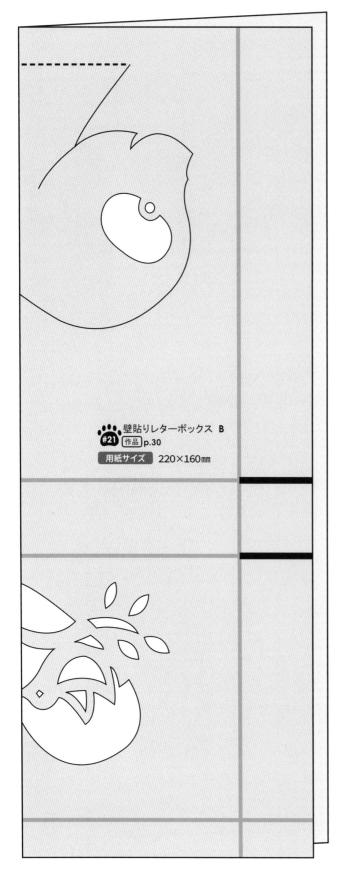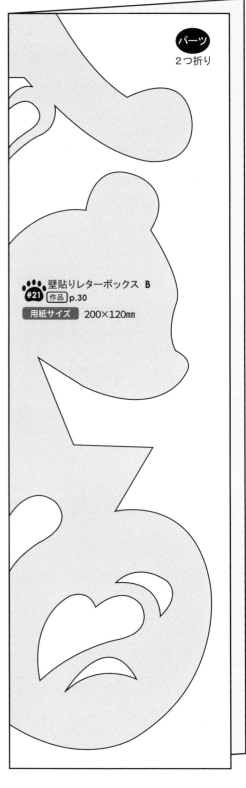

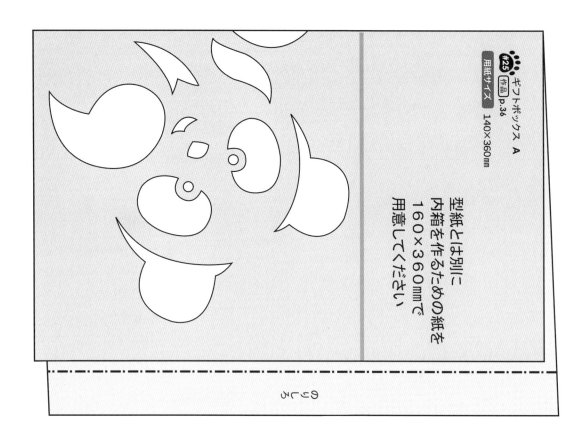

#25 ギフトボックス A 作品 p.36
用紙サイズ 140×360mm

型紙とは別に
内箱を作るための紙を
160×360mmで
用意してください

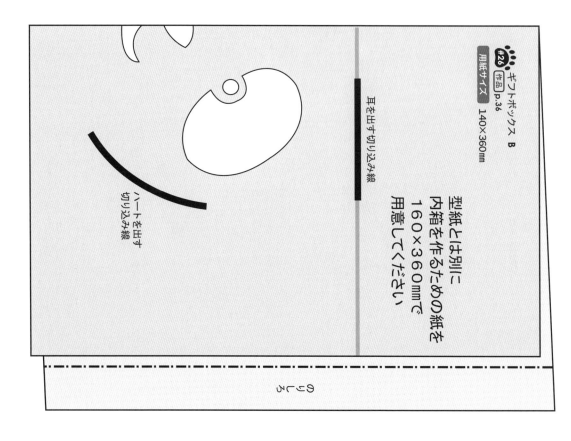

#26 ギフトボックス B 作品 p.36
用紙サイズ 140×360mm

型紙とは別に
内箱を作るための紙を
160×360mmで
用意してください

耳を出す切り込み線
ハートを出す切り込み線

------- 谷折り線　—・—・— 山折り線　■■■ 切り込み線

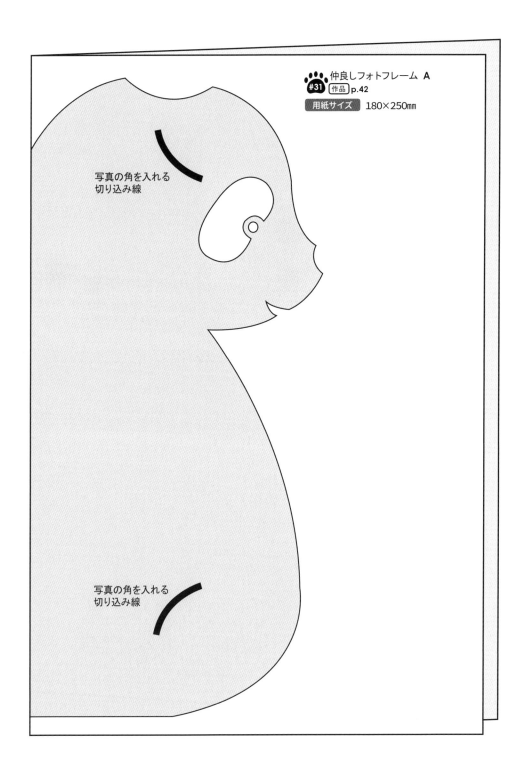

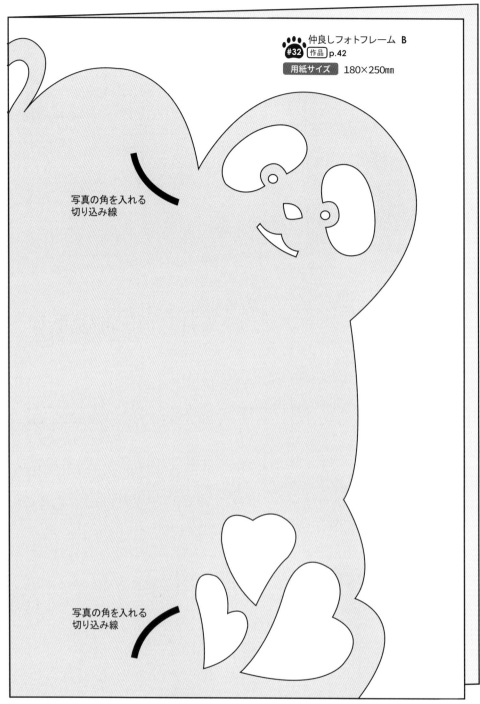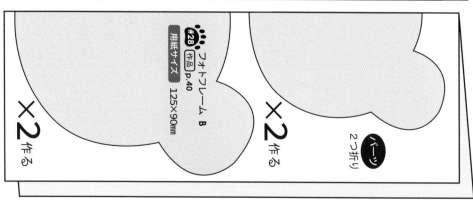

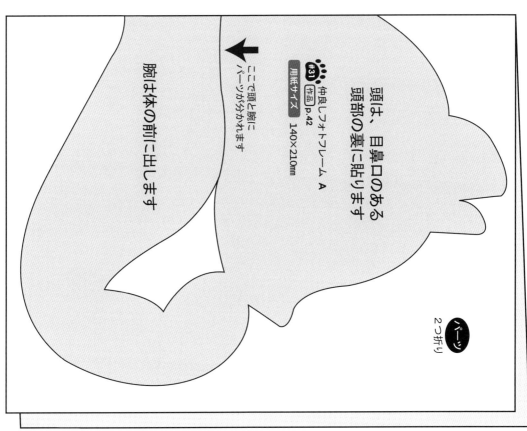

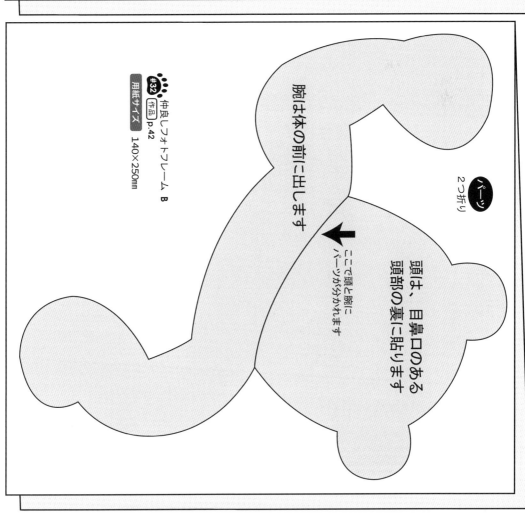

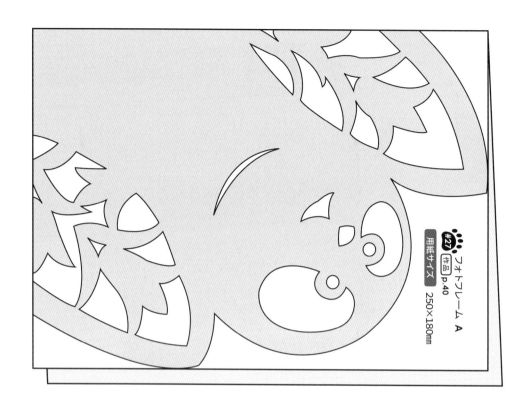

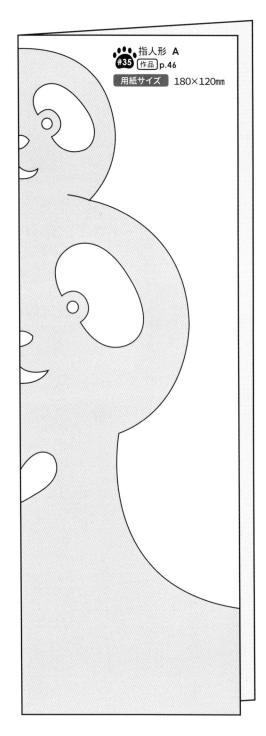

指人形 A
#35 作品 p.46
用紙サイズ 180×120mm

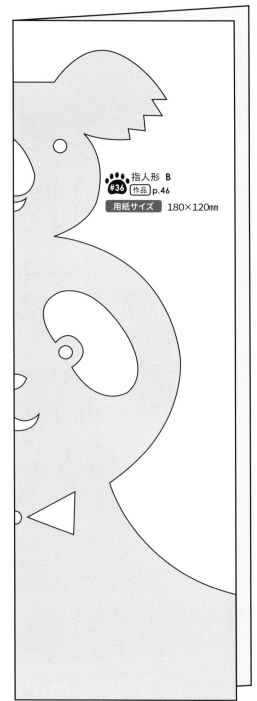

指人形 B
#36 作品 p.46
用紙サイズ 180×120mm

------- 谷折り線　—・—・— 山折り線　▬▬▬ 切り込み線

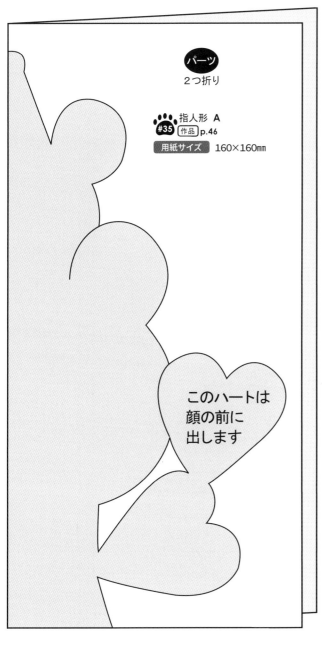

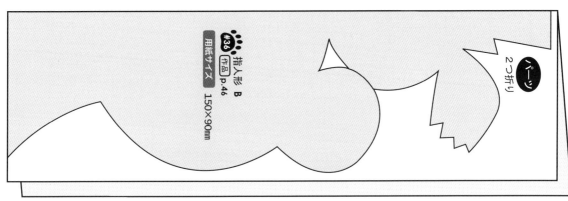

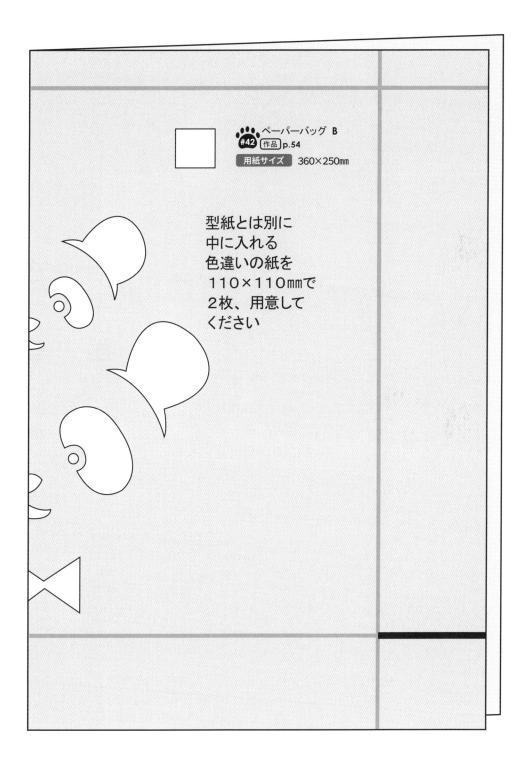

ペーパーバッグ B
#42 作品 p.54
用紙サイズ 360×250mm

型紙とは別に
中に入れる
色違いの紙を
110×110mmで
2枚、用意して
ください

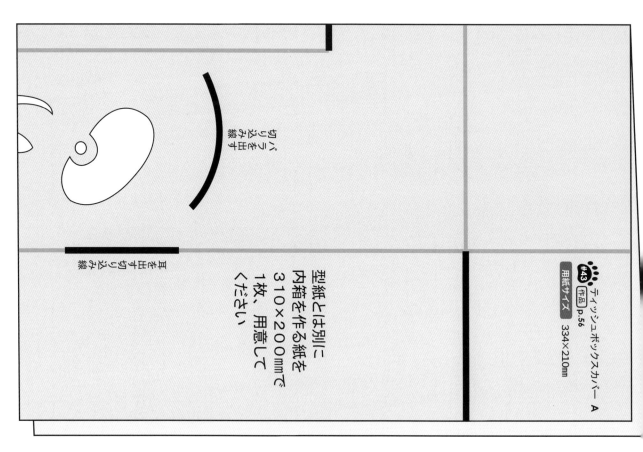

#43 ティッシュボックスカバー A
作品 p.56
用紙サイズ 334×210mm

型紙とは別に内箱を作る紙を310×200mmで1枚、用意してください

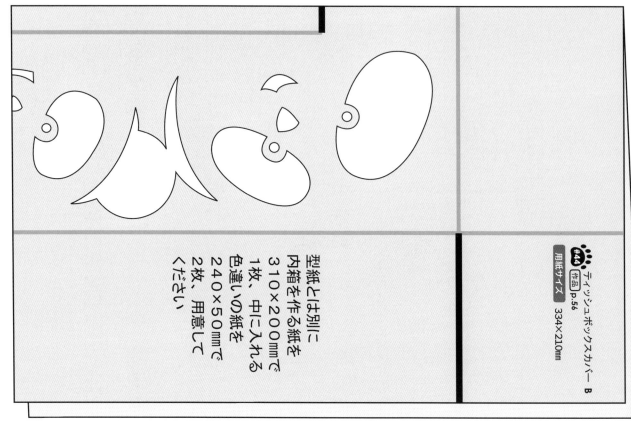

#44 ティッシュボックスカバー B
作品 p.56
用紙サイズ 334×210mm

型紙とは別に内箱を作る紙を310×200mmで1枚、中に入れる色違いの紙を240×50mmで2枚、用意してください

------ 谷折り線　　—·—·— 山折り線　　▬▬ 切り込み線

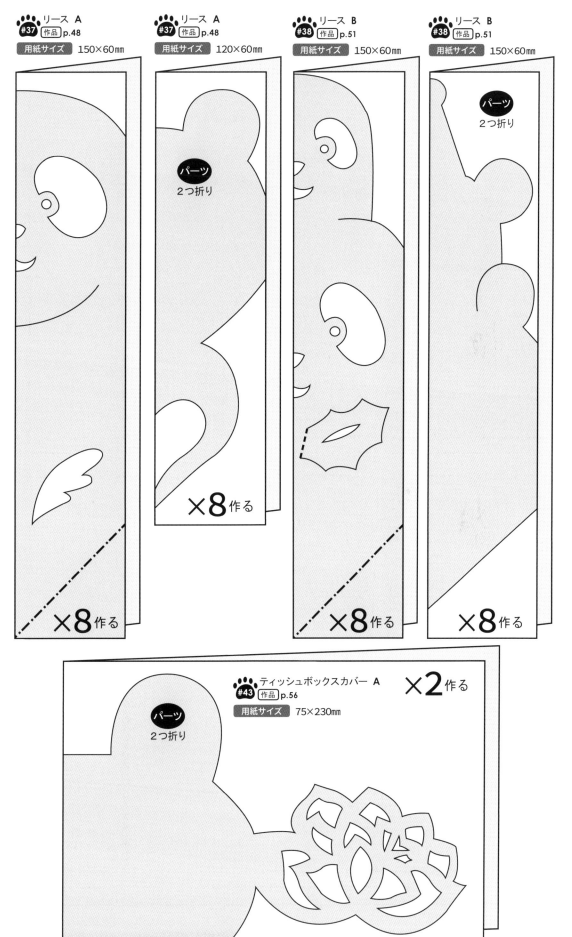

著者プロフィール

大原まゆみ

造形作家、グラフィックデザイナー。
書籍編集、デザインを手がけることと並行して、手づくりの作品を制作。切り紙をはじめとして、折り紙、ビーズ・アクセサリー、陶芸、フラワー・アレンジメントなど、暮らしの中での存在感をテーマにユニークな作品を数多く生み出している。
著書『立体切り紙12か月』『立体切り紙　かわいい小物』『ギフト切り紙』(以上、日貿出版社)、『完全マスター　切り紙レッスン』『立体切り紙レッスン』『花の模様切り紙』『干支の切り紙』『昆虫の切り紙』『花の立体切り紙』『切り紙でつくる　花の飾りもの』『切り紙でつくる花のくす玉』『ウルトラマン切り紙』『和の切り紙200選』『切り紙でつくる恐竜図鑑』『切り紙でつくる季節の花図鑑』(以上、誠文堂新光社)、『くらしを彩る　美しい切り紙』(永岡書店)など多数。京都市在住。

本書の内容の一部あるいは全部を無断で複写複製（コピー）することは、法律で認められた場合を除き、著作権および出版社の権利の侵害となりますので、その場合は予め小社あて許諾を求めて下さい。

切り紙で楽しむかわいいカードと雑貨

紙パンダ！　●定価はカバーに表示してあります

2018年2月15日　初版発行

著　者　大原まゆみ
発行者　川内　長成
発行所　株式会社日貿出版社

東京都文京区本郷 5-2-2　〒113-0033
電話　(03)5805-3303(代表)
FAX　(03)5805-3307
振替　00180-3-18495

印刷・製本　株式会社シナノパブリッシングプレス
企画・編集・本文デザイン　オオハラヒデキ
カバー・本文デザイン　T's ティーズ
撮影　後藤　鐵郎

©2018 by Mayumi Ohara / Printed in Japan.
乱丁・落丁本はお取り替えいたします。

ISBN978-4-8170-8249-7　　http://www.nichibou.co.jp/